ANDRÉ,

OU

LA MAISON DES BOIS,

COMEDIE EN UN ACTE,

PAR M. CAIGNIEZ,

Représentée pour la première fois à Paris, sur le théâtre de l'Ambigu-Comique, le 25 Octobre 1821.

PRIX : UN FRANC.

PARIS,

CHEZ QUOY, LIBRAIRE,
EDITEUR DE PIÈCES DE THÉATRE ;
Boulevard Saint-Martin, n. 11, près le théâtre.

1821.

PERSONNAGES.   ACTEURS.

ANDRÉ, concierge de la maison de campagne
de M. de Florville.................... MM. *Stockleit fils.*
LASERPE, Jardinier...................   *Raffile.*
WORDAC, agent d'un baron rival de
Florville..............................   *Gilbert.*
BRUNO, camarade de Wordac............   *Paul.*
LAFLEUR, valet de chambre de Florville.... *Joly.*
EMILIE, jeune veuve fiancée à Florville..... Mlle *Eléonore.*
Deux domestiques.
Deux femmes de chambre.

La Scene se passe dans une maison isolée.

ANDRÉ,

COMÉDIE EN UN ACTE.

Le théâtre représente un salon, avec des fenêtres dans le fond, à travers lesquelles on apperçoit la cour fermée d'une grille, qui laisse voir l'avenue et la campagne dans l'éloignement. Ces fenêtres ont des volets en dehors, qu'on ouvre et qu'on ferme à volonté.

Sur le devant, à droite du spectateur, est une porte qui est censée ouvrir sur un corridor, conduisant dans un autre corps de logis. Plus loin, du même côté, est une fenêtre donnant sur un jardin. Dans le fond, aussi du même côté, est l'entrée du salon, en arrivant du dehors.

Dans l'angle opposé, à gauche, est une autre entrée qui est censée communiquer dans l'intérieur de la maison.

Sur le devant, à gauche, près d'une autre porte qui est entr'ouverte, est un piano sur lequel sont un violon, un cor, une flute et un pupitre chargé de papiers de musique, un peu plus haut, du même côté, une petite table servant de bureau.

SCENE PREMIERE.

ANDRÉ seul.

Il chantonne en achevant d'accorder le piano.

Bien ! c'est cela. C'est pourtant sans maître et comme par inspiration que j'ai appris ce que je sais. Mais, entré à douze ans, dans la musique du régiment dont le père de mon maître était colonel, je me faisais déjà admirer, par la manière dont j'agitais le chapeau chinois. Ensuite le goût, des dispositions naturelles... mais laissons ces réflexions, et relisons la lettre de M. de Florville. (*Il lit :*) Mon cher André... (J'aime le style de mon maître, *mon cher André !*) « C'est de Paris que je t'écris, je devais y passer huit à dix jours. « Mais ce plan est changé. Ma sœur Hortense veut m'accompagner « à ma maison des bois, et tu nous verras arriver dans cinq jours au « plus tard. » (Il écrit d'avant-hier, bon ! reste trois.) « Lafleur, « Comtois, Simon et les deux femmes de chambre de ma sœur, « partiront en avant dans la calèche, et nous précéderont de vingt-« quatre heures. » (Cela m'arrange.) « Aye soin que tout soit en « ordre pour nous recevoir. » (C'est bien à moi qu'on recommande ces choses-là !) « Que le piano soit accordé. » (C'est fait. « recommande à Laserpe et à Blondeau, d'être sobres. » (Il sont allés aujourd'hui à la fête, mais d'ici à trois jours, j'espère bien... poursuivons.) « J'ai quitté il y a deux jours, la charmante Émilie. « Sais-tu qu'elle est toujours l'objet des persécutions de mon rival ? » (C'est un diable d'homme que ce baron !) « Mais nous serons bien-« tôt à l'abri de tout ce qu'il est capable d'entreprendre. Oui, « André, l'éternelle année du veuvage de ma bien aimée, est enfin « expirée, et dans huit jours, Émilie sera mon épouse. »

Oh ! que je suis content ! une noce ! quel plaisir ! et comme cette maison va changer de face ! femme jeune et jolie, anime tout ce qui l'entoure : nous verrons des fêtes, des visites sans nombre, de belles dames, qu'accompagneront d'agacantes soubrettes, jeux divers, gais propos au salon, joie bruyante à l'office, grand tapage partout (*regardant vers la cour*), mais que le est cette jeune personne qui accourt ici ? Ne me trompé-je pas ? Eh ! c'est madame Émilie, elle même ! par quelle aventure....

SCENE II.

ÉMILIE, ANDRÉ.

ÉMILIE, *en désordre, entre précipitamment, et se laisse aller sur un siège.*

André.. . je n'en puis plus....

ANDRÉ.

Eh mon Dieu, madame ! seule et dans cette état ! que vous est-il arrivé ?

ÉMILIE.

Attends... André... laisse-moi reprendre mes sens...

ANDRÉ.

Vous savez sûrement, madame, que M. de Floryille n'est point ici ?

ÉMILIE.

Oui, il est à Paris chez sa sœur; mais dis-moi vite..... a-t-il laissé du monde ici ?

ANDRÉ.

Oui, madame; nous sommes trois : moi, Blondeau, le cuisinier, et Laserpe, le jardinier. Mes deux camarades sont sortis; c'est la fête du village voisin, et.....

ÉMILIE *se levant effrayée.*

Tu est donc seul ! absolument seul ?

ANDRÉ.

En ce moment, oui, madame.

ÉMILIE.

Et dans la maison des bois !

ANDRÉ.

Ce nom ne doit pas vous effrayer. On l'avait ainsi nommée jadis, à cause des bois sans fin qui l'entouraient, mais depuis on les a tellement éclaircis....

ÉMILIE.

La maison est isolée enfin !

ANDRÉ.

A une demi-lieue du village, tout au plus.

ÉMILIE.

Une demie-lieue ! cette distance est effrayante !

ANDRÉ.

Mais non, madame, que pouvez-vous donc craindre ? veuillez m'expliquer enfin.....

ÉMILIE.

Mon arrivée doit te paraître étrange, en effet. Écoute, André : je me promenais ce matin avec ma femme de chambre ; nous tournons une haye, plusieurs hommes s'y trouvaient en embuscade. Me séparer de cette femme, me couvrir la bouche et les yeux d'un mouchoir, m'enlever, me jeter dans une chaise de poste, et partir ventre à terre fut l'ouvrage d'un instant.

ANDRÉ.

Ah ! mon dieu !

ÉMILIE.

Je ne doutais pas que ce ne fût pour me mettre à la disposition de cet odieux Baron..

ANDRÉ.

Dont mon maître me parle dans sa lettre. Là! voyez! l'abominable homme ! mais par quel miracle ?...

ÉMILIE.

Après avoir couru une grande partie de la journée, on a fait halte sur la lisière d'un bois que j'ai reconnu pour celui qui avoisine cette maison. Profitant de la distraction de ces misérables, j'ai pu descendre furtivement de la voiture et m'échapper. L'épaisseur du bois me favorise ; mais juge de mes angoisses, mon cher André, lorsque je les entends encore de divers côtés s'appeler et se répondre. Alors la maison de ton maître frappe ma vue dans l'éloignement. Je cours à perdre haleine et j'arrive ici sans que les scélérats ayent pu m'atteindre... mais ils sont encore dans les environs, ils doivent m'avoir vu entrer, et tu es seul.

ANDRÉ.

A la vérité, je me trouve en ce moment seule garnison de la place : mais l'ennemi ne peut pas soupçonner ma position.

ÉMILIE.

Mais, mon dieu ! mes ravisseurs savent que ton maître ne peut être ici.

ANDRÉ, *un peu troublé.*

Ah ! ils savent cela !

ÉMILIE.

Oui.

ANDRÉ.

Et vous croyez qu'ils vous ont vue entrer !

ÉMILIE.
J'en suis presque sûre.
ANDRÉ, *à lui-même.*
Ah ! diable.
ÉMILIE, *avec une vive inquiétude.*
Cela t'effraie donc !
ANDRÉ.
Non... non, pas du tout, c'est que je pense... (*à part.*) Elle a raison, si les coquins...
ÉMILIE.
Tu penses, dis-tu...
ANDRÉ.
Au moyen de leur persuader que nous avons du monde.
ÉMILIE.
Est-ce que tes deux camarades ne rentreront pas avant la nuit ?
ANDRÉ.
Bon ! il fera nuit dans un quart d'heure, il ne faut pas y compter. Mais ils rentreront, soyez tranquille. (*à part.*) Quand et dans quel état, c'est ce que j'ignore.
ÉMILIE.
Mais s'ils tardaient trop long-tems ?
ANDRÉ.
C'est justement pour cela que je voudrais, en attendant... (*résolument.*) Eh oui ! le voilà tout trouvé le monde qu'il me faut. Oui, madame, laissez-moi faire ; je cours rassembler vos défenseurs, et placer mes batteries. Je reviens tout-à-l'heure.

Il sort précipitamment par le fond à gauche.

SCENE III.

ÉMILIE, *d'abord seule dans le salon,* ensuite WORDAC, BRUNO, *et deux ou trois hommes dans le fond.*

ÉMILIE.
Quel est son dessein ! André me fait trembler avec ses précautions ! (*regardant autour d'elle.*) Cette fenêtre sur le jardin.... point de barreaux qui la défendent ! et ce jardin... comme les murs en sont bas ! ces grands espaliers pour y descendre, ces charmilles où il est si facile de se cacher... Tout ici cause mes allarmes ! (*On apperçoit quelques hommes s'arrêter devant la grille qui ferme la cour dans le fond. Parmi eux sont Bruno et Wordac, ce dernier a un manteau vert.*) Ciel ! ces hommes là-bas qui paraissent épier ce qui se passe ici ! celui au manteau vert... C'était un manteau de cette couleur qu'avait celui qui paraissait leur chef, et que j'ai entendu appeler Wordac. Son bras qu'il étend de ce côté semble m'indiquer à ses camarades ! ils m'ont vue ! (*appelant.*) André ! André ! (*à elle-même.*) Ils s'éloignent, mais c'est pour revenir, sans doute.

SCENE IV.

EMILIE, ANDRÉ.

ÉMILIE, *appelant.*

André?

ANDRÉ, *dans la coulisse.*

Nous sommes à vous, madame. (*Rentrant par le fond à droite, un paquet sous le bras.*) que diable voulaient ces hommes là-bas, devant la grille!

ÉMILIE.

Ce sont eux, mon ami, j'ai reconnu leur chef.

ANDRÉ.

Bon! vous croyez?... mais ils se sont éloignés, ils ne sont donc pas sûrs du terrain sur lequel ils se hasardent.

Il va jeter le paquet dans l'entrée à gauche.

ÉMILIE.

Qu'est-ce que cela?

ANDRÉ.

C'est un corps de réserve que je place derrière cette porte. (*montrant l'entrée à droite.*) J'en ai laissé autant par-là.

On aperçoit en ce moment une vive clarté dans la cour.

ÉMILIE, *la remarquant.*

Eh! mais, que signifie cette clarté?

ANDRÉ.

C'est celle d'un grand feu que je viens d'allumer dans la cuisine. Déjà le tourne-broche y fait entendre son cliquetis. J'ai même eu soin qu'on pût apercevoir à travers la fenêtre, un cuisinier de ma façon, placé devant des fourneaux embrâsés.

ÉMILIE.

Mais c'est une folie! comment... (*avec effroi.*) Ah!

ANDRÉ.

Quoi donc, Madame?

ÉMILIE, *tremblante et n'osant plus tourner la tête vers le fond.*

Là-bas... encore... Ils sont revenus! (*Les mêmes hommes reparaissent dans le fond.*) Parle-moi donc!... est-ce que tu ne les vois pas?

ANDRÉ, *inquiet.*

Si fait... si fait, je... les vois. Cependant leur mise est décente; ils n'ont pas du tout l'air...

EMILIE.

Ce sont eux, te dis-je.

ANDRÉ.

Ils s'en vont... ils s'en vont... je ne les vois plus.

ÉMILIE.

As-tu fermé la grille?

ANDRÉ, *se frappant le front.*

Ah! où avais-je la tête? je vais... Mais non, je réfléchis : précaution suspecte; porte fermée et refus d'ouvrir annoncent qu'on ne se sent point en force. (*Ouvrant la porte sur le devant à droite.*) Vous, madame, passez dans l'appartement au bout de ce corridor, c'est le vôtre, et laissez-moi seul dans cette salle.

ÉMILIE.

Je t'en prie, André, prends bien garde...

ANDRÉ.

Soyez bien tranquille.

ÉMILIE.

Mais ta voix n'est pas ferme, en me disant cela!

ANDRÉ.

Pardonnez-moi, entrez-là bien vite, entrez, entrez.

Elle sort par la porte sur le devant à droite.

SCENE V.

ANDRE, *seul d'abord, ensuite* EMILIE.

ANDRE.

Voyons que je médite un peu mon plan de défense. Les drôles sont peut-être trois ou quatre, comptons-en cinq. Eh bien, j'ai de quoi rendre la partie égale. Notre cuisinier Blondeau (qui ne s'en doute pas le malheureux) est déjà à son poste avec sa veste blanche et son bonnet de coton. (*montrant l'entrée à gauche.*) J'ai là la houppelande de ce pauvre Fribourg qui nous est mort l'an passé; je le ressuscite : Ya, ya meiner, disait-il si bien! (*montrant à droite.*) De ce côté, j'ai certain capitaine de vaisseau : c'est mon corps de réserve que je ferai avancer, s'il m'est nécessaire. si j'avais encore Dragon... mais la pauvre bête, on nous l'a empoisonnée il y a huit jours. N'importe, j'ai encore... moi, André; je crois, sans vanité, que je puis me compter. Allons, allons, que chacun fasse son devoir, et je réponds de tout. (*regardant vers le fond*) Oh! oh! en voilà deux qui entrent dans la cour, mais ils hésitent, fort bien.

ÉMILIE *entr'ouvrant la porte et n'avançant que sa tête.*
Eh bien, André?

ANDRÉ.

Ah! n'entrez pas, madame. Fermez vite sur vous, ils viennent.

ÉMILIE.

Ils viennent! ô mon Dieu!

Elle rentre vivement et ferme après elle.

ANDRÉ.

Poussez le verrou de votre côté. Comptez sur moi, il faudra qu'on me tue, avant d'arriver jusqu'à vous.

On entend pousser le verrou.

Bien. C'est cela.

SCÈNE VI.

ANDRÉ (*seul dans le salon.*) WORDAC et BRUNO (*d'abord dans la cour.*)

(*On apperçoit par les fenêtres du fond Wordac et Bruno qui observent autour d'eux.*)

ANDRÉ.

Bon! la clarté du feu de la cuisine leur a fait tourner la tête de ce côté. Il m'ont remarqué, tant mieux! hâtons-nous de leur en faire voir un autre.

On voit Wordac et Bruno tourner vers la droite, où l'on cesse de les appercevoir.

Ils s'approchent, ne perdons pas la tête.

Il court prendre dans la coulisse à gauche une houppelande qu'il endosse précipitamment ; il se coëffe d'une casquette qu'il rabbat sur ses yeux. On frappe.

On frappe! eh! eh! ce ne serait donc pas.... je vois ce que c'est; ils auront imaginé quelque prétexte pour venir sonder le terrain. Ma foi, il faut les recevoir. (*Il s'écrie.*) Fribourg? on a frappé, va voir qui c'est. (*En jargon suisse*) ya, ya, jé y fas. (*Achevant de se travestir.*) Va donc, va donc vite. (*En suisse*) Eh! par la mort diaple, jé y fas. (*à part*) Ouvrons maintenant. Ferme, André, du courage.

Il va ouvrir, Wordac et Bruno entrent.

ANDRÉ.

Qué vous démandir, messié?

WORDAC.

Monsieur de Florville.

ANDRÉ.

Monsié de Florfile né poufoir pas à cette moment...

WORDAC.

Il est absent, peut-être?

ANDRÉ.

Pas tit à fait. Révenir c'ti soir avec peaucoup ti monde, qu'il amenir avec la sœur à lui.

BRUNO.

Il revient ce soir! (*bas à Wordac.*) Ah diable voila qui dérange....

WORDAC *bas.*

Paix! je n'en crois rien. (*à André*) En ce cas, mon ami, ne pourriez-vous nous procurer ce qu'il faut pour écrire à votre maître?

André.

ANDRÉ.

Ecrire.. (*à part*) Voilà le prétexte.

WORDAC.

M'entendez vous, brave homme?

ANDRÉ.

Ya, ya, mainer. Mais jé comprentre pas pien ditout, jé fas dire à monsié Antré, que lui ententre miex la France.

WORDAC.

Nous vous serons obligés.

BRUNO, *bas à Vordac*.

Es-tu fou de vouloir rester pour....

WORDAC.

Tais toi donc.

ANDRE *à part*.

Oh! ce sont nos coquins!

(*haut leur montrant des sièges.*)

Prénez fôtre commodément messié. Je fas tout à l'hère.

Il sort par la gauche.

SCENE VII.

WORDAC, BRUNO, ANDRE *au-dehors*.

WORDAC *montrant la porte à droite sur le devant*.

Notre fugitive doit-être de ce côté; je l'ai vue de là-bas, entrer par cette porte. (*écoutant à la porte*) J'entends quelqu'un. (*Il regarde par le trou de la serrure, puis par la fenêtre du jardin*), viens donc voir. Là bas.... à la troisième croisée..... une robe blanche, c'est elle! remarque bien cette croisée, pour ne pas l'oublier.

BRUNO.

Oui, oui, c'est la troisième, où il y a ce pot d'œillet; tout cela est foret bien; mais ce M. Florville qui va arriver.

WORDAC.

C'est un conte, te dis-je.

BRUNO.

Tu n'as donc pas remarqué le feu d'enfer de la cuisine et que tout y est en mouvement pour le souper des maitres.

WORDAC.

Pauvre sot! comme si les domestiques ne soupaient pas aussi très bien quand leurs maitres sont absens.

BRUNO.

Sans doute, sans doute.

WORDAC.

C'est pourtant toi, malheureux, qui es cause de notre embarras. Chargé de veiller sur la voiture, tu en laisses échapper la prisonnière!

BRUNO.

Dame! je vous regardais étaler sur l'herbe une excellente collation. Je vous voyais vider vos verres et oublier de remplir le mien, je ne pouvais pas avoir l'œil à tout.

WORDAC.

Et les douze-cent francs promis par le baron, dont il me revenait les deux tiers, comment les rattrapperons nous, mal-à-droit?

BRUNO.

Nous sommes ici pour les regagner.

WORDAC.

Ou pour recevoir quelque chose de moins agréable.

BRUNO.

C'est bien aussi ce que je crains.

WORDAC.

Cependant on nous a assuré qu'ils n'étaient que trois ici. André qu'on dit brave à la vérité, plus un jardinier et un cuisinier très-peu redoutables, et nous sommes cinq.

ANDRÉ, *chantant dans la coulisse.*

Souvent un brave militaire
Combat la nuit comme le jour;

BRUNO.

Paix! écoute un peu.

ANDRÉ, *chantant.*

Car si le jour il fait la guerre,

S'interrompant pour imiter l'aboyement d'un chien, il crie ensuite:

La Serpe, va donc voir, au bout du jardin, ce qui peut faire aboyer Dragon si long-temps. (*Voix de paysan.*) Oui, j'vas voir ça.

BRUNO, *à Wordac.*

Dargon! tu ne comptais pas celui-là.

ANDRÉ, *chantant.*

Car si le jour il fait la guerre,
La nuit il fait l'amour.

BRUNO.

C'est qu'il chante vraiment!

WORDAC.

De peur, peut-être.

BRUNO.

Mais si ces gens-ci, soupçonnant ce que nous sommes, s'avisaient de nous couper la retraite!

WORDAC.

Eh bien! eh bien, n'avons-nous pas cette fenêtre qui donne sur le jardin?

BRUNO.

Cette fenêtre! eh mais, viens donc voir, c'est un saut de 10 pieds, au moins.

WORDAC.

Sur de la terre molle. La belle difficulté! Au reste, il ne s'agit en ce moment que de tâcher de voir au juste les moyens de déffence qu'on peut nous opposer. Quand nous saurons cela, nous irons rejoindre nos camarades La jour baisse, le temps est couvert et la nuit sera noire; il nous sera facile...

BRUNO.

Paix! voici quelqu'un.

SCENE VIII.

ANDRÉ et les Précédens.

ANDRÉ, *rentrant sous son propre costume, avec de la lumière.*

Messieurs, mon camarade Fribourg a cru entendre que vous vouliez écrire à mon maître. Je vous apporte de la lumière; et tout ce qu'il faut est dans le tiroir de cette table.

WORDAC.

Je vous remercie. Vous voulez donc bien permettre?..

ANDRÉ.

Oh! mon dieu, messieurs, tant qu'il vous plaira.

WORDAC, *à part.*

Il a l'air bien assuré!

ANDRÉ, *à part.*

Est-ce que par hasard ces gens là ne seraient pas ceux que je pensais.

WORDAC, *haut.*

Est il vrai, comme votre camarade nous l'a dit, que votre maître arrive ce soir.

ANDRÉ.

Oui. monsieur, il m'écrit qu'il veut être ici pour recevoir son ami Durfort, un capitaine de vaisseau, que nous attendons aujourd'hui même.

BRUNO.

Un capitaine de vaisseau!

WORDAC.

Ah! fort bien, vous devez être charmé, monsieur le concierge, quand il vous arrive ainsi du monde; car cette maison me paraît bien isolée, à votre place je n'y dormirais pas tranquille.

ANDRÉ.

Oh! nous ne craignons rien nous, car, même en l'absence de Monsieur, nous ne restons jamais moins de quatre ou cinq ici, et puis nous avons un animal qui vaut son pesant d'or pour la sûreté; c'est un superbe dogue qui est au moins... oh! oui, de la hauteur de cette table; mais ce qu'il a d'étonnant, c'est qu'il flaire un coquin à cent pas de distance.

BRUNO, *bas à Vordac qui lui fait signe de se taire.*

Il était donc bien loin quand nous sommes entrés.

ANDRÉ, *à part.*

Je crois pourtant bien que je ne me trompais pas. (*haut.*) Il rode sûrement là quelque part dans le jardin. (*Allant vers la fenêtre.*) Si vous êtes curieux de le voir, je n'ai qu'à appeler Dragon et tout de suite...

BRUNO, *l'arrêtant.*

Non, non, laissons cette pauvre bête jouir de sa liberté.

ANDRÉ.

Soit. Mais vous ne vous faites pas d'idée de son intelligence. Pour vous en donner un exemple, messieurs... un jour, il nous arrive deux étrangers qui demandent monsieur de Florville; Dragon survient, il s'approche en grondant, bientôt ses narines s'enflent, son museau se fronce, laissant à découvert les deux belles rangées de ses dents tranchantes, tout son poil se hérisse et ses yeux rouges comme du feu décèlent une fureur qu'il a peine à contenir. Alors l'instinct éprouvé de ce bon animal, m'éclaire, et sûr de mon fait, je m'écrie : vous êtes deux coquins!

Wardac fait un mouvement.

BRUNO, *reculant effrayé.*

Comment! comment! est-ce que?

ANDRÉ.

C'était à ces deux étrangers que disais cela. (*à part, tandis que les autres se regardent.*) Plus de doute, il ont pâli. (*haut.*) En effet Dragon ne s'était pas trompé: quelques jours après, nous avons appris que ces misérables étaient venus dans de très-mauvaises intentions.

WORDAC, *d'un air incrédule.*

C'est vraiment singulier.

BRUNO.

Très-singulier. (*à part.*) Il m'a fait une peur horrible, avec son Dragon.

ANDRÉ.

Eh! mais n'entends-je pas dans l'avenue, le bruit d'une cavalcade?

BRUNO, *effrayé.*

Une cavalcade!

WORDAC, *écoutant.*

Je n'entends rien du tout.

ANDRÉ, *à part.*

Ni moi, non plus.

BRUNO, *écoutant aussi.*

Si fait, si fait. Il a raison : mais c'est encore loin.

WORDAC, *ironiquement.*

Oui, oui très-loin.

Il va à la petite table et se dispose à écrire.

ANDRÉ, *haut.*

Je vais voir ce que c'est. Que cela ne vous empêche pas d'écrire. (*A part, tandis que Wordac va à la table et s'y assied.*) Que diable! s'en iront-ils donc? je commence à craindre sérieusement... Allons risquer le capitaine.

Il sort par la droite.

SCENE IX.

BRUNO, WORDAC.

BRUNO, *continuant d'écouter dans le fond.*

Cette cavalcade... Eh! mon dieu! si c'était...

WORDAC, *écrivant.*

Et tu l'entends!

BRUNO.

Oui, ma foi.

WORDAC.

Allons, c'est la peur qui bourdonne dans ton oreille.

BRUNO, *s'approchant des fenêtres du fond.*

Si je pouvais appercevoir au loin... (*Au moment ou il approche les volets se ferment en dehors.*) Là! qu'ont-ils besoin de fermer déjà ces volets?

WORDAC, *continuant d'écrire.*

Il est possible qu'on ait des raisons pour cela. (*Pliant la feuille en billet et écrivant l'adresse.*) « A Monsieur, Monsieur de Florville. » (*A lui même, tandis que Bruno va regarder par le trou de la serrure de la porte à droite.*) Je lui demande un rendez-vous, sous un nom supposé. Il faut bien avoir l'air d'être venu pour quelque chose.

BRUNO, *se retirant effrayé.*

Ah! mon dieu!

WORDAC.

Quoi donc?

BRUNO.

Je posais l'œil au trou de cette serrure, quand un autre œil s'est trouvé là tout juste vis-à-vis du mien!

WORDAC, *regardant à son tour.*

Voyons donc. (*Riant.*) C'était celui de notre belle, car la voilà qui s'éloigne.

BRUNO.

Mon œil lui aura fait peur aussi.

WORDAC.

Tu vois donc bien que si elle se croyait en sûreté...Qu'entends-je! (*On entend un bruit de chevaux au dehors.*)

BRUNO.

Là ! qu'est-ce que je disais? l'oreille me cornait, n'est-ce pas? (*Courant à la fenêtre du jardin.*) Ne serait-ce pas le moment de profiter de la commodité de la fenêtre.

WORDAC.

Attends; on parle. Écoutons.

SCÈNE X.

Les Précédens, ANDRÉ.

ANDRÉ, *dans la coulisse à droite.*

Eh ! c'est vous, capitaine ! (*grossissant sa voix.*) Bonjour, André. (*avec sa voix.*) La Serpe? Blondeau? Fribourg? (*autres voix.*) J'y vas, j'y vas. (*avec sa voix.*) Allons, allons, alerte !

BRUNO.

Le capitaine ! tu vois bien qu'il ne faut plus songer...

WORDAC.

Paix donc !

ANDRÉ, *vêtu en capitaine de vaisseau, entrant par la droite et grossissant sa voix.*

Mille bombes ! Florville est en course, quand je lui écris que j'arrive aujourd'hui ! (*se retournant vers l'entrée.*) Reste là, André, pour aider mes gens. (*Il va pour traverser le théâtre, et s'arrête.*)

BRUNO.

Il a des gens.

ANDRÉ.

Ah ! ah ! du monde ici, André ne m'avait pas dit... (*à Wordac et à Bruno.*) Ces messieurs ne sont pas de la maison?

WORDAC.

Non, monsieur, nous étions chargés de commission pour M. de Florville, mais ne le trouvant pas...

ANDRÉ.

J'entends, vous l'attendez.

BRUNO.

Non, M. le Capitaine. Nous ne pouvons pas rester.

ANDRÉ.

Ah ! fort bien. (*Feignant de se parler à lui-même, pour être entendu.*) J'ai vu ces deux figures-là quelque part.

BRUNO, *bas à Wordac.*

Que parle-t-il de nos figures !

ANDRÉ.

Messieurs, ne seriez-vous pas... mais non pourtant.

BRUNO, *tremblant, à part.*

C'est fini, il nous connaît.

ANDRÉ, *les regardant fixement.*

Non, ce n'est pas cela. Ceux que je voulais dire, je les ai vus mener en prison il y a deux jours. Pardon, j'aurais été bien étonné aussi... pardon, pardon, messieurs. (*Il s'éloigne, puis en arrivant à la coulisse à gauche, il s'écrie.*) Eh! c'est toi, papa Fribourg? (*Jargon suisse.*) Pou chour, monsié la Capitaine, ché avre grante plaissir à foir fous.

SCENE XI.

WORDAC, BRUNO.

BRUNO.
As-tu entendu mon cher Wordac? il a vu mener en prison deux figures comme les nôtres.

WORDAC, *avec réflexion.*
J'ai bien idée que ce capitaine...

BRUNO.
Tiens, crois-moi, allons-nous-en

WORDAC.
Oui, nous allons sortir; mais pour revenir bientôt, en escaladant un mur fort peu élevé.

BRUNO.
Allons, toujours des expédiens à se rompre le cou.

WORDAC.
On peut bien risquer quelque chose pour douze cent francs.

BRUNO.
Oui, mais le maître du logis qui arrivera pendant l'expédition.

WORDAC.
Non, j'ai de fortes raisons de croire qu'à cet égard, on cherche à nous abuser. Mais supposons-le.

Sur ces derniers mots, André qui a repris son costume, entre encore de la droite, mais il s'arrête pour écouter.

SCENE XII.

ANDRÉ et les Précédens.

WORDAC, *continuant à demi-voix.*
Dans ce cas même, sois tranquille. Je vais dire à notre camarade Michel de rester en vedette sur le bord de l'avenue, avec ordre de nous avertir par deux coups de pistolets.

ANDRÉ, *rentrant vivement dans la coulisse.*
Oh! oh!

WORDAC, *continuant.*
Tu vois qu'avec cette précaution...

BRUNO.
Silence! encore quelqu'un.

ANDRÉ, *rentrant.*

Vous m'excuserez, Messieurs. L'arrivée du capitaine avec ses trois domestiques....

BRUNO.

Allons, trois de plus à présent !

WORDAC.

Et nous n'en voyons pas un ! (*donnant son billet à André.*) Tenez, mon ami, voilà...

ANDRÉ.

Ah ! vous avez écrit ?

WORDAC.

Oui, allons, bonsoir.

ANDRÉ.

Bonsoir, Messieurs. (*à part.*) De quoi doivent-ils donc être avertis, par deux coups de pistolets ? (*haut.*) Attendez donc que je vous éclaire.

WORDAC.

Ce n'est pas la peine.

ANDRÉ.

Pardonnez moi, vous pourriez en traversant la cour...

BRUNO.

Rencontrer Dragon, c'est juste.

ANDRÉ.

Il est toujours bon d'y voir clair.

Il prend l'un des flambeaux et les conduit.

SCÈNE XIII.

EMILIE, *seule.*

(*Elle ouvre doucement sa porte et entre en hésitant.*)

Ils sont sortis ! ah ! respirons. Cependant quelques mots que j'ai entendus à travers cette porte semblaient indiquer qu'ils n'ont pas renoncé à leurs infâmes desseins. Se douteraient-ils des ruses de ce bon André ? ô mon dieu ! j'entends marcher ! s'ils allaient revenir ! écoutons. On ferme la grille, eh mais quelqu'un vient ! oui, des pas précipités... ah ! c'est André.

SCÈNE XIV.

EMILIE. ANDRÉ.

ANDRÉ.

Les voilà dehors enfin ! je crois bien que le capitaine Durfort leur a fait perdre l'envie d'y revenir.

André. 3

EMILIE.

Le capitaine, dis-tu!

ANDRÉ.

Oui, que j'ai fait arriver d'un coup de ma baguette. Et nos deux chevaux de fourgon que j'ai tirés de l'écurie, pour les faire un instant trotter et caracoler dans la cour! avez vous entendu?

EMILIE.

Mais tes camarades ne rentrent pas.

ANDRÉ.

Non, il faut que les drôles... n'entends-je pas ouvrir une porte? (*courant entr'ouvrir un volet.*) Je crois bien que ce sont eux.

SCÈNE XV.

EMILIE, ANDRÉ, LASERPE, *ivre.*

LASERPE, *encore dans la coulisse.*

AIR

Quand j'bois l'jus d'la treille,
J'sis content comme un roi.

ANDRÉ, *parlant.*

Vivat! ils arrivent enfin.

EMILIE.

Ah! tant mieux.

ANDRÉ.

Vous allez voir deux gaillards... (*voyant entrer Laserpe.*) Eh! mon dieu! où est donc l'autre?

LASERPE, *continuant de chanter en entrant.*

Les glouglous d'ma bouteille
C'est ma musique à moi.

Parlant.

Ah! c'est toi, André? eh ben; me v'là, mon ami.

ANDRÉ, *avec un soupir.*

Oui, te voilà.

LASERPE, *chantant.*

Flageolet ni musette,
Rossignol, ni fauvette,
N'ont pas des sons si doux
Que ces ravissans glouglous.

Parlant.

Hein? qu'en dis-tu, ça n'vaut-i' pas miéux que tes fron-frons? aussi v'là c' que j'dis :

Chantant.

>Quand j'bois l'jus d'la treille,
>J'sis content comme un roi ;
>Les glouglous d'ma bouteille
>C'est ma musique à moi.

ANDRÉ.

Elle est gaye, ta musique.

LASERPE.

Eh! eh! eh! n'est-ce pas? Va, t'as ben pardu d'n'êt' pas des nôtres!

ANDRE.

Des vôtres! (*regardant Émilie*) j'en aurais été bien fâché.

LASERPE.

Oh! que non, que non, t'aurais vu là... tu sais ben, c'te meunière si drue, si gentille, et que tu....

ANDRE, *l'interrompant pour lui montrer Émilie.*

Laserpe!

LASERPE.

Ah! pardon, j'n'avions pa vu...

ÉMILIE, *à part.*

S'ils sont tous deux dans cet état, quel secours en attendre?

LASERPE.

Madame voudra ben escuser.... (*il salue en chanchelant.*)

ANDRE.

Doucement, ne fais pas ta révérence si profonde.

LASERPE.

Laisse donc, toi, tu n'm'apprendras pas la politesse peut-être, j'savons vivre, et pour c' qui est du sesque... au vis-à-vis d'une belle dame, vois-tu, je....

ANDRE.

Assez. Assez. Tu vois madame Émilie, la fiancée de notre maître.

LASERPE.

Bah! qu'est-ce que tu dis donc? par quel hazard?....

ANDRÉ

On te l'expliquera, Apprends seulement que des coquins menacent de venir ici nous l'enlever.

LASERPE.

Nous l'enlever! oh mais, j'sommes-là, mon ami. (*se redressant le plus qu'il peut*) tu sais de queul bois je m'chauffe, et par la jarni!...... Attendez donc, j'y r'pense, j'les avons p't'êt' vus, les coquins.

ÉMILIE.

Comment cela?

LASERPE.

Oui, tout-à-l'heure, au tournant du mur d'not' jardin, j'ons vu deux ou trois drôles qu'étions là d'bout, sans bouger d'place, je m'sis quasi cogné l'nez contre un qu'avait un long mantiau.

ÉMILIE.

Un manteau verd peut-être?

LASERPE.

Vard? ça s'peut ben, car i'm'a semblé noir.

ÉMILIE.

André, c'étaient eux.

LASERPE.

Oui dà? eh ben, palsangué, qu'ils y viennent, j'veux qu'on n'm'appelle plus Laserpe, si je n'vons les....

Dans le mouvement qu'il fait il manque de tomber.

ANDRÉ *le retenant.*

Prends donc garde.

EMILIE, *à part.*

Le malheureux!

LASERPE.

Pas d' mal, pas d' mal. C'est c't'ornière, qui m'a.....

ANDRÉ.

Une ornière dans cette salle! (*haut*) dis-moi, mon pauvre ami, Blondeau se porte-t-il aussi bien que toi?

LASERPE.

Lui? i' ne s'porte plus. J'venons de l' traîner là-bas, jusqu'à l'écurie, où ce que j'l'avons laissé couché sur la litière. Tête de linote, ça n'sait pas boire. Si j'n'avions pas été d'sang-froid, vois-tu, il serait resté là, au milieu du chemin, comme un ivrogne, comme un.... en vérité, ça fait pitié.

ANDRÉ.

Ecoute, Laserpe, fais-moi un plaisir.

LASERPE.

D'tout mon cœur, voyons.

ANDRÉ.

Va te coucher une demi-heure.

EMILIE.

Ou, va te coucher, mon ami.

LASERPE.

Hein? — Voudrait-on gausser par hassard? Va t'coucher, m'dit-il! Et pourquoi faut-il que je m'couche?

ANDRÉ.

Parbleu! je te le demande!

ÉMILIE, *bas à André.*

Ne le contrarie donc pas. (*haut à Laserpe.*) André n'a pas dit cela pour te fâcher, mon brave homme; reste si tu veux.

LASERPE.

Eh ben, à la bonne heure. v'là c'qui s'appelle parler. Pis c'est comme-ça, ma belle dame, j'vas m'coucher; non pas parce que... non, c'n'est pas ça du tout. Si j'y vas, c'est que... suffit. Ça m'plaît d'm'aller coucher, entends-tu, André.

ANDRÉ.

Eh! bien, oui, c'est ce que je voulais dire.

LA SERPE, *allant pour sortir.*

Au r'voir. (*Se retournant.*) Ah! çà; si nos maraudeux... Tu sais ben... tu viendras m'éveiller, André. Et jarni, s'raient-i' douze, ils verront qu'Laserpe...

ANDRÉ.

Oui, oui. On peut compter sur toi.

LASERPE.

C'est ça. J' les attendons d' pied farme.

Il sort en chancelant par le fond à droite.

SCÈNE XVI.

EMILIE, ANDRÉ.

ÉMILIE.

S'il appelle cela de pied ferme! Eh bien? les voilà rentrés tes camarades.

ANDRÉ.

Oui, madame, et je suis encore seul.

ÉMILIE.

Et ces misérables que le jardinier a vus derrière le mur du jardin.

ANDRÉ, *réfléchissant.*

J'y pensais: Parbleu, si Laserpe a bien vu, ils sont à portée de nous entendre: Alors ne pourrions-nous pas?.. Oui, ayons un concert. Mettez-vous au piano, madame. Je joue un peu de tous les instrumens que vous voyez là. Ils vont penser, en les entendant tour-à-tour... vîte, vîte, l'accord.

Tout en parlant il prend le violon, touche le la sur le piano et s'accorde.

ÉMILIE.

Mais comment peux-tu te flatter?

ANDRÉ, *prenant le cor dont il tire quelques sons.*

Au piano, au piano.

ÉMILIE, *à part.*

Il peut avoir raison en effet.

Elle s'assied au piano et prélude.

ANDRÉ, *reprenant le violon.*

Chantez, et touchez bien fort dans les ritournelles : J'accompagnerai de même et l'on nous entendra de loin.

ÉMILIE.

Que veux-tu que je chante?

ANDRÉ, *montrant sur le pupitre.*

Eh! tenez, ce duo entre une guerrier qui part et sa tendre épouse qui gémit. (*Il quitte et reprend alternativement les divers instrumens sur lesquels il joue quelques traits, tandis qu'Émilie parcourt son clavier dans tous les tons*) C'est cela vraiment! ne dirait-on pas un orchestre tout entier qui se prépare? Y êtes vous, madame?

ÉMILIE, *d'un voix peu assurée.*

Allons! va; je ne sais si je pourrai... commence.

AIR EN DUO.

ANDRÉ.

La trompette m'appelle,
Je pars, ma toute belle,
Je pars toujours fidèle
A la gloire, à l'amour.

EMILIE.

Cher époux, vois mes larmes,
Laisse un moment les armes;
Par grâce à mes allarmes
Accorde au moins ce jour.

Ensemble.

ANDRÉ.	ÉMILIE.
La trompette m'appelle,	La trompette t'appelle,
Je pars, toujours fidelle	A ma douleur mortelle
A la gloire, à l'amour.	Je succombe en ce jour.

ANDRÉ, *en parlant après le chant.*

Volti subito, à la marche en ré. (*On exécute une marche guerrière, pendant laquelle André dit de temps-en temps les mots suivans.*) Piano... Poco forte... Pianissimo... Pizzicato. (*Il regarde par la fenêtre du jardin et dit à part.* (Eh ! mon dieu ! les voilà, les coquins ! (*Criant à Émilie.*) Forté, fortissimo !

André cesse tout à coup d'accompagner. Alors Émilie cessant de toucher, s'écrie effrayée.

ÉMILIE.

Qu'est-ce donc, André ? qui t'arrête ?

ANDRÉ, *sans détourner la tête.*

Rien, rien, madame.

ÉMILIE, *se levant.*

Mais que regardes-tu vers cette fenêtre ?

ANDRÉ.

C'est que... je me serai trompé peut-être.

ÉMILIE *cauront regarder à la fenêtre.*

O ciel ! des hommes dans le jardin.

ANDRÉ.

Oui... c'est ce que je n'osais vous dire.

ÉMILIE.

Mais mon dieu ! mon dieu, comment échapper...

ANDRÉ.

Ne vous effrayez pas. Encore cette ruse et secondez-moi.(*Criant*) Laserpe, Blondeau, Fribourg, à moi, mes amis.

ÉMILIE.

Es-tu fou ?

ANDRÉ, *de même.*

Eh ! arrivez donc, vous autres.

ÉMILIE, *à part.*

Décidément il perd la tête.

ANDRÉ, *voix de paysan.*

Par la jarni, où sont-ils ? (*autre voix*) Où sont-ils ? (*avec sa voix*) Dans le jardin, parbleu, qu'on appèle le capitaine. (*appelant en suisse*) Monsié la cabitaine ? (*en paysan*) Le v'là, le v'là.

Tout en parlant il passe et repasse devant la fenêtre, et piétine sur le théâtre pour imiter du monde qui entre.

Accourez, capitaine. (*bas à Emilie*) Ils écoutent. (*haut en marin*) Comment, mille bourasques, ces drôles ont eu l'audace... (*bas à Emilie*) cachez la lumière. (*haut*) Fribourg, prends ta hallebarde. (*bas à Emilie*) Aidez-moi donc.

ÉMILIE.

Mais que veux tu que je fasse ?

ANDRE.

Du bruit, du bruit. (*haut en marin*) Rassurez-vous, belle dame.

(*bas à Emilie*) Remuez la table, renversez les chaises, ouvrez, fermez les portes.

ÉMILIE, *faisant ce qu'il lui dit.*

Oh mon dieu ! mon dieu ?

ANDRÉ, *en marin.*

André, prends ma carabine, mon sabre me suffit. Ventrebleu ! (*bas*) Je crois qu'ils s'en vont (*en suisse*) Par la mort, diaple, je fouloir tuer deix pour mon part. (*en marin*) Suivez-moi tous. (*avec sa voix*) Oui, capitaine, marchons. (*répétant en différentes voix*) Marchons. (*Il imite un instant le bruit de gens qui s'en vont en fermant les portes ; puis se baissant sous l'appui de la fenêtre il relève doucement la tête pour regarder dans le jardin.* je n'en vois plus qu'un qui se sauve. Bon ! le voilà sur le mur. (*se levant tout-à-fait.*) Il a disparu.

ÉMILIE.

Serions-nous assez heureux........

ANDRE.

Oui, oui, Voyez-vous même, madame.

ÉMILIE *allant regarder à la fenetre.*

Il serait possible....

ANDRE *à part.*

Ne lui disons pas que j'en ai vu deux entrer dans la serre. Je crains bien qu'ils n'y soient encore, ceux-là !

ÉMILIE *quittant la fenêtre.*

Va donc maintenant éveiller tes deux camarades.

ANDRE.

J'y cours. (*s'arretant*) Mais un moment.

ÉMILIE.

Qu'est-ce donc ?

ANDRÉ.

Une idée qui me vient. (*à lui-même*) Les coquins ont parlé d'un signal ; si j'essayais... que risqué-je ? Ils m'en laisseront le temps, j'espère. Oui, oui, allons voir cela.

ÉMILIE.

Où cours-tu ?

ANDRE.

A deux pas. Je reviens dans la minute.

il sort en courant.

SCÈNE XVII.

EMILIE, WORDAC et BRUNO ensuite, LASERPE.

EMILIE.

Hélas! si tandis qu'il sera dehors.... Ciel! n'entends-je pas du bruit?

WORDAC, *dans la coulisse.*

Elle est seule.

EMILIE.

On a parlé! (*montrant la porte à droite.*) C'est-là! (*appelant.*) André? André?

WORDAC, *dans la coulisse.*

Forçons la porte. (*La porte s'ouvre avec fracas, Wordac et Bruno entrent.*) Ah! nous avons donc le bonheur de vous retrouver, madame! votre perte nous aurait coûté trop cher.

BRUNO, *à part.*

Douze cens francs, parbleu!

WORDAC, *la saisissant.*

Allons, madame.

EMILIE, *se débattant.*

Au secours! au secours!

WORDAC.

Résistance inutile, vous viendrez avec nous. (*à Bruno.*) Vois, s'ils sont là, Bruno.

BRUNO, *regardant à la fenêtre du jardin.*

Oui, les voilà avec leur échelle.

WORDAC.

Bien...

EMILIE, *à part.*

Je suis perdue! (*criant encore.*) André! André!

WORDAC *ironiquement.*

Pourquoi n'appeler qu'André, madame? Le capitaine et tant d'autres, si bien inventés, ne peuvent-ils aussi venir vous défendre? Allons, ne perdons pas de temps.

Il l'entraîne.

EMILIE.

Laissez-moi, laissez-moi. (*Elle se dégage de Wordac, et se précipite dans la porte à gauche, sur le devant, qu'elle ferme violemment sur elle, en continuant de crier:*) André? au secours!

WORDAC, *furieux et prêt à forcer la porte.*

Une porte de plus n'est pas pour nous un obstacle. (*On entend un coup de pistolet.*) O ciel!

BRUNO, *en même temps.*

Un!

(*Second coup.*)

WORDAC et BRUNO, *en même temps.*

Deux! c'est le signal!

BRUNO.

Sauvons-nous.

WODRAC.

Malédiction! et fuir sans elle! (*s'enfuyant par la porte sur le devant à gauche.*) Nous la tenions!

BRUNO.

Ainsi que nos douze cens francs! (*courant après Wordac, et s'arrêtant.*) Non. Je serai plutôt dehors par ici. (*Il va pour sauter par la fenêtre du jardin, mais il y rencontre Laserpe qui vient d'y monter du dehors. Après être restés tous deux un instant nez à nez, Bruno dit en tremblant:*) Celui-là n'est pas des nôtres. Que fais-tu là, toi?

LASERPE, *lui détachant un soufflet*

J'tape.

BRUNO, *s'enfuyant par où est sorti Wordac.*

Ah!

LASERPE, *enjambant la fenêtre pour descendre dans le salon.*

Ah! çà, y en a-t-il encore?

SCENE XVIII.

EMILIE, LASERPE, ensuite ANDRE.

EMILIE, *entr'ouvrant sa porte et la refermant, effrayée à la vue de Laserpe.*

Ah!

LASERPE, *achevant de descendre.*

Eh! là, là, c'est moi, madame. T'nez, v'là aussi André.

Émilie reparait.

ANDRÉ, *en entrant à Laserpe.*

Ah! te voilà donc réveillé, toi! parbleu, tu arrives à temps, quand les coquins sont en fuite!

EMILIE.

Mon cher André, deux étaient ici tout-à-l'heure. Oui, dans cette salle, et j'étais en leur pouvoir.

ANDRÉ.

Ah! mon dieu!

LASERPE.

Et j'ons eu l' plaisir d'en apostropher un du plus fier soufflet... c'est comme j' te dis. Oh! mais i' vous a reçu ça!...

ANDRÉ.

Et ils sont partis! oh! la bonne inspiration que j'ai eue là, de tirer ces deux coups de pistolets?

EMILIE.

C'est toi!

ANDRÉ.

Oui, Madame, j'avais deviné que ce signal, convenu entre eux devait leur annoncer l'arrivée de mon maître.

EMILIE.

Mais mon ami, ils vont découvrir que ce signal était faux, et alors... (*vivement.*) Ah! écoute, André... n'entends-je pas une voiture.

ANDRÉ.

Une voiture! eh oui, ma foi. Par quel hazard: je n'attendais personne avant trois jours. (*On entend des coups de fouet.*)

LASERPE.

T'nez, t'nez, entendez-vous? c'est cheuz nous qu' ça arrive!

VOIX DE LAFLEUR, *au dehors*.

Holà! hé! André!

ANDRÉ et LASERPE, *en même temps*.

Ah! c'est Lafleur!

EMILIE.

Lafleur!

LASERPE, *criant*.

On y va, on y va.

Il sort en courant. André va pousser un volet pour regarder dans la cour.

EMILIE.

André, est-ce que ton maître arriverait?

ANDRÉ, *se retournant*.

Non, Madame. Mais c'est son avant-garde, ainsi qu'il m'en a prévenu dans sa lettre. (*regardant dans la cour.*) C'est cela, voilà Comtois, Simon et les deux femmes de chambre de la sœur de mon maître.

EMILIE.

Ah ! je respire.

ANDRÉ, *vers la cour.*

C'est donc toi, Lafleur. Soyez les bienvenus, mes amis ; ainsi que vous, Mesdemoiselles. (*revenant à Emilie.*) Allons, Madame, reprenez courage, un puissant renfort pénètre dans la place.

EMILIE.

Ah ! toutes mes craintes sont dissipés.

SCÈNE XIX.

Les Précédens, LAFLEUR, *deux autres Domestiques, deux Femmes de chambre, portant des paquets et des cartons.*

ANDRÉ.

Parbleu, mes amis, je ne m'attendais guères à vous voir aujourd'hui. Mais par quelle aventure....

LAFLEUR.

Que veux-tu, mon cher André ? l'amour, l'impatience de se rapprocher de ce qu'on aime, ont fait que Monsieur nous a, ce matin même, fait partir en avant et qu'il arrive ici demain avec sa sœur.

EMILIE, *à part avec joie.*

Avec sa sœur ! demain ?

LAFLEUR.

Mais quel sera son étonnement de voir Madame chez lui ! André, qu'est-ce donc que Laserpe a voulu nous conter de scélérats qui auraient eu l'audace...

ANDRÉ.

Nous te dirons tout cela.

LASERPE, *dans la coulisse.*

En avant, en avant, marche.

(*On entend un bruit de plusieurs voix au dehors.*)

ANDRÉ.

Quel est ce bruit ?

LAFLEUR.

Je sais ce que c'est. Ce sont deux de vos coquins, que des villageois qui passaient avaient apperçus de loin franchissant pour s'en fuir le mur de notre jardin.

EMILIE.

On les a arrêtés !

LAFLEUR.

Oui, madame.

ANDRÉ.

Le ciel leur devait cela.

SCÈNE XX ET DERNIÈRE.

Les Précédens, LASERPE, WORDAC et BRUNO amenés par les Villageois.

LASERPE, *en entrant.*

Place ! place ! en v'là deux d'pris ; et ça grace à ces braves gens que v'là qui n'les ont morguenne pas marchandés.

ANDRÉ.

Ah ! ah ! c'est vous, messieurs !

LASERPE, *remarquant Bruno.*

Tiens! je r'connais c'ti-là! c'est avec li qu' j'ons fait tantôt la p'tite conversation d'vant c'te fenêtre. I' doit en avoir encore la joue toute chaude.

ÉMILIE, *à Lafleur et aux autres domestiques.*

Mes bons amis, combien je rends grâce au ciel qui vous amène si à propos. Cependant, sans l'adresse et la presence d'esprit de ce brave André, vous arriviez trop tard. Il était seul pour me défendre.

LAFLEUR.

Seul !

WORDAC, *à part.*

Seul !

BRUNO, *montrant Laserpe.*

Et celui-là, donc ?

LASERPE.

J'arrivions justement, quand vous délogiez. Oh ! il était morgué ben seul, c'est la vérité.

WORDAC.

Seul ! je m'en doutais.

LASERPE.

Fallait en êt' sur.

ANDRÉ, *en riant, à Émilie.*

Ces deux pauvres diables... qu'en dites vous, madame ?

ÉMILIE.

Je dis qu'ils mériteraient... mais je ne peux plus vouloir le mal de personne, quand mon cœur est satisfait.

ANDRÉ.

Eh ! bien, je suis de même. (*A Wordac et à Bruno.*) Messieurs, vous êtes libres. Allez raconter à votre maître le succès de votre expédition, l'arrivée de monsieur de Florville et son mariage dans deux jours avec madame. Lafleur, conduis-les jusqu'à la grille.

WORDAC, *à part.*

Il était seul !

BRUNO, *à part*

Et nos douze-cents francs !

Ils sortent avec Lafleur.

ÉMILIE.

Mon cher André, crois bien que monsieur de Florville et moi, nous saurons reconnaître...

ANDRÉ.

Je vous en prie, madame, ne troublez pas la joie qui me transporte. Avoir pu contribuer au bonheur de mon maître, au vôtre, en remplissant le devoir d'un serviteur fidèle, n'est-ce pas déjà pour moi la plus précieuse récompense ?

De l'Imprimerie de HOCQUET.

CHEZ QUOY, LIBRAIRE,
EDITEUR DE PIÈCES DE THÉATRE;
Boulevard Saint-Martin, n. 11, près le théâtre.